BEI GRIN MACHT SICH IHR WISSEN BEZAHLT

Frank Raulf

Zahlungsunfähigkeit und Überschuldung

Darstellung und Abgrenzung der gesetzlichen Eröffnungsgründe für ein Insolvenzverfahren

GRIN Verlag

Bibliografische Information der Deutschen Nationalbibliothek:

Die Deutsche Bibliothek verzeichnet diese Publikation in der Deutschen National-
bibliografie; detaillierte bibliografische Daten sind im Internet über http://dnb.d-
nb.de/ abrufbar.

Impressum:

Copyright © 2011 GRIN Verlag, Open Publishing GmbH
Druck und Bindung: Books on Demand GmbH, Norderstedt Germany
ISBN: 978-3-640-96634-9

Dieses Buch bei GRIN:

http://www.grin.com/de/e-book/175436/zahlungsunfaehigkeit-und-ueberschuldung

2011

Name:
Frank Raulf

Meschede, 31.01.2011

Studiengang:
Wirtschaftswissenschaften

Modul:
Risikomanagement

Fachhochschule
Südwestfahlen
Abteilung Meschede

ZAHLUNGSUNFÄHIGKEIT UND ÜBERSCHULDUNG

Darstellung und Abgrenzung der gesetzlichen Eröffnungsgründe für ein Insolvenzverfahren.

Inhaltsverzeichnis

Abbildungs- und Tabellenverzeichnis

Vorwort

Im Zuge des Moduls Risikomanagement ist die Frage nach dem was verhindert werden muss, um ein Unternehmen nicht in die Insolvenzantragsgefahr oder sogar in die Insolvenz zu stürzen, aufgekommen. Wenn ein erfolgreiches Risikomanagement in ein Unternehmen Implementiert werden soll, sollte jeder beteiligte Akteur nicht nur wissen wie eine Krise zu vermeiden ist, sondern auch was zu vermeiden ist. Um letzteres geht es in dieser Arbeit.

1. Einführung

Um einen kurzen Überblick über das Insolvenzverfahren zu schaffen, wird nun kurz auf das Regelinsolvenzverfahren eingegangen. An späterer Stelle werden auch die vom Regelverfahren abweichende Eigenverwaltung und der Insolvenzplan angeschnitten.

Das so genannte Regelinsolvenzverfahren läuft im Großen und Ganzen so ab, dass ein berechtigter Antragssteller aufgrund einer der Tatbestände, auf die nachfolgend noch detailliert eingegangen wird, bei Gericht einen Insolvenzantrag stellt, welcher bestimmten Kriterien genügen muss, die in der Vorprüfung auf ihre Vollständigkeit hin untersucht werden. Ist dieser erste Schritt getan, so kann das Gericht einen vorläufigen Insolvenzverwalter bestellen und einige Sicherungsmaßnahmen durchführen, welche die Insolvenzmasse vor Zugriffen vorausschauender Gläubiger schützen sollen. In der Hauptprüfung wird der Schuldner gehört. Ist nun die Masse kostendeckend und bei Gläubigerantrag eine Glaubhaftmachung (§294 ZPO) erfolgt, so trifft das Gericht den Eröffnungsbeschluss, der sodann veröffentlicht wird. In dem Eröffnungsbeschluss sind unter anderem der Prüfungs- und der Berichtstermin für die Gläubiger enthalten, bei denen die Forderungen geprüft werden und ein Bericht, sowie eine Empfehlung über den Fortgang des Verfahrens bekannt gegeben werden. Im Anschluss wird darüber abgestimmt. Beides ist vom Insolvenzverwalter zu erstellen, der auch im Verlaufe des Eröffnungsbeschlusses ernannt wird. Ein Insolvenzplan kann an dieser Stelle, wenn diesem zugestimmt wird, zur Einstellung des Verfahrens führen und zur Sanierung benutzt werden. Der Insolvenzverwalter hat die Aufgabe die Masse zu verwerten und die Gläubiger, die in Klassen zu unterteilen sind, zu befriedigen. Nach Abschluss des Verfahrens gelangt die Verfügungsgewalt über die evtl. übrig gebliebene Masse zurück an den ursprünglichen Eigentümer.

Der Text basiert auf einer Umschreibung des Buches Grundriss des Insolvenzrechts, Walter Zimmermann, 8. Aufl.

Abbildung 1 (Regelinsolvenzverfahren)

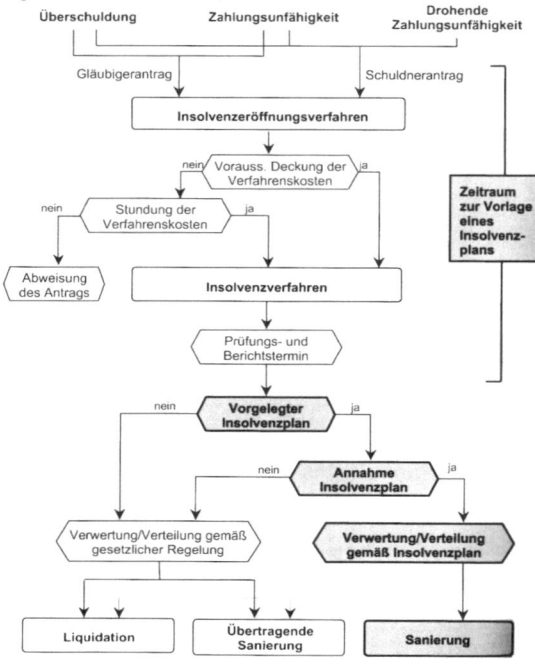

(Quelle: Insolvenzverfahren: Sanierungsoptionen für mittelständische Unternehmen. Guido Paffenholz und Peter Kranzusch S.10)

2. Eröffnungsgründe

Um einen Insolvenzantrag stellen zu können, muss ein Eröffnungstatbestand gegeben sein vgl. §16 InsO. Die Zahlungsunfähigkeit, die drohende Zahlungsunfähigkeit, sowie die Überschuldung sind materielle Eröffnungsgründe für ein Insolvenzverfahren. Hier ist ein Unterschied zwischen juristischen Personen, OHG, KG, GBR, und GmbH und Co. KG, um die es in den nachfolgenden Ausführungen geht, natürlichen Personen und Nachlässen zu machen.

2.1. Die Überschuldung

Die Überschuldung ist Eröffnungsgrund bei Nachlässen und juristischen Personen, sowie bei Personengesellschaften, bei denen keiner der Gesellschafter persönlich haftet z.b. GmbH u. Co. KG[1]. Antragsberechtigt ist nach §13 I 2 InsO der Gläubiger, sowie der Schuldner. Im Finanzmarktstabilisierungsgesetz wurde der Überschuldungsbegriff neu gefasst, deswegen sei dieser an dieser Stelle zunächst geklärt und die wichtigen Unterschiede zu dem alten (ab 2014 wieder gültigen) Begriff aufgezeigt.

2.1. Überschuldungsbegriff

*Überschuldung liegt vor, wenn das Vermögen des Schuldners die bestehenden Verbindlichkeiten nicht mehr deckt, es sei denn, die Fortführung des Unternehmens ist nach den Umständen **überwiegend wahrscheinlich** (…)*

§19 II InsO gültig bis 31.12.2013

Der Tatbestand, der die Möglichkeit zum Insolvenzantrag darstellt, ist gegeben, wenn das Vermögen die Schulden also nicht mehr deckt oder die Schulden sogar das Vermögen übersteigen! Das Gesetz verwies zur Bewertung bis zum 17.10.2008 auf Liquidationswerte (nicht immer gleich dem Zerschlagungswerte) und nur bei einer positiven Fortführungsprognose- auf Fortführungswerte[1]. Nach dem 17.10.2008 führt eine positive Fortführungsprognose zur Nichtigkeit des Antragsgrundes. Aus dem heutigen Begriff entstehen für ein durch Krisen bedrohtes Unternehmen neue Perspektiven für die Zukunft und es folgt dadurch die Tatsache, dass ein Unternehmen trotz quantitativer Überschuldung noch lange nicht insolvent sein muss. Kurzfristige Überschuldungen führen durch den neuen Insolvenzbegriff nicht mehr automatisch in die Insolvenzantragspflicht nach §15a InsO. Früher, vor dem 18.10.2008, galt ein wesentlich strengerer Insolvenzbegriff, der eine Fortbestehensprognose lediglich auf Liquiditätsbasis zuließ und bei Übersteigung der Schulden über das Vermögen zur Insolvenzantragsstellung zwang[2]. Damals und auch wieder nach der Umstellung des Gesetzes entschied/entscheidet die Fortführungsprognose lediglich über die Wahl des Wertansatzes (Fortführungs- oder Liquidationswerte?)[3]. Heute gilt also der zweistufige modifizierte Überschuldungsbegriff und die Bewertung wird nach Liquidationswerten vorgenommen.

1: Grundriss des Insolvenzrechts, Walter Zimmermann, 8. Aufl. S 11 Rnd. Nr.: 48
2: KSI 2/09 S.62 Überschuldung – Alter Ansatz in neuem Umfeld von Matthias Beck
3: Graf Schlicker(Hrsg.) Kommentar zur Insolvenzordnung 2010 S.126

2.2. Zweistufiger (modifizierter)Überschuldungsbegriff

Die eine Stufe ist die rein rechnerische (quantitative) Überschuldung. Zu ihrer **Feststellung** ist eine mit Zeitwerten ausgestattete **Sonderbilanz** aufzustellen[5]. Bei der Aufstellung des Überschuldungsstatus mit den wirklichen Werten ist § 35 I InsO zu beachten, der das gesamte Vermögen, also einschließlich der stillen Reserven (Ansatz- oder Bewertungsunterschiede) einschließt. Zum Vermögen gehören somit auch z.B. Marken, Drucktitel usw. die in § 248 II 2 HGB zum Ausdruck kommen, die auch in der neuen Bilanz aufzunehmen sind, welche sich nicht an die Handelsrechtliche Rechnungslegung halten muss[6]. Es gilt **Das Prinzip der Veräußerbarkeit**: Nicht aktivierungspflichtige aber veräußerbare Gegenstande sind mit aufzunehmen, während nicht veräußerbare aber aktivierungspflichtige Gegenstände nicht aufgenommen werden müssen[7]. Aktive Rechnungsabgrenzungsposten sind nur bei einem durchsetzbaren Erstattungsanspruch zu Aktivieren[7]. Der Geschäfts- oder Firmenwert nach §246 I 4 HGB ist bei einer im Bezug auf die Fortführung positiver Prognose mit in die Überschuldungsbilanz aufzunehmen.

Abbildung 2: negativer Überschuldungsstatus. Ansatz: Prinzip der Veräußerbarkeit; Bewertung: Zeitwerte(Liquidationswerte); Gliederung: HGB beibehalten.

(Quelle: Eigene Darstellung)

Ist die sogenannte Überlebens- und/oder die Fortführungsprognose positiv, so liegt, wie oben bereits erwähnt keine Überschuldung vor[4]. (Bis 2014)

Doch was ist unter der Überlebens oder Fortführungsprognose zu verstehen?

4: In Anlehnung an Graf Schlicker(Hrsg.) Kommentar zur Insolvenzordnung 2010 S.126
5: Quelle: Insolvenzplanverfahren: Sanierungsoptionen für mittelständische Unternehmen von Guido Paffenholz und Peter Kranzusch S.6
6: Quelle: Handbuch Wirtschaftsrecht von Hans Achenbach und Andreas Ransiek Seite 591 Rnd. Nr.: 39
7: Quelle: Handbuch Wirtschaftsrecht von Hans Achenbach und Andreas Ransiek Seite 592 Rnd. Nr.: 46

Die andere Stufe ist die Fortführungsprognose, sie ist über einen Zeithorizont, der mittelfristig angemessen scheint (man achtet hierbei z.b. auf die Fälligkeit von Forderungen und Verbindlichkeiten) auf der Grundlage von Finanzplänen mit einem Zeithorizont von ein bis drei Jahren zu ermitteln. <u>Der Finanzplan</u> hat eine Planbilanz und eine Plan-GuV mit termingenauen Aufwendungen und Erträgen zu enthalten[8]. Die Finanzplanung, die Gesetzlich nicht genau beschrieben ist, sollte mehrere Szenarien mit den dazugehörigen Eintrittswahrscheinlichkeiten beinhalten, von denen der, der die Auszahlungsverpflichtungen am Wahrscheinlichsten deckt genommen wird[8]. Es wird kein Erwartungswert berechnet, sondern die Netto Cashflows abgeleitet, welche alle positiv sein sollten. Für den Finanzplan ist ein <u>Unternehmenskonzept</u> von Nöten, welches den Fortführungswillen des Schuldners, das Leitbild des zu sanierenden Unternehmens und die Sanierungsmaßnahmen dokumentieren soll[8]. Ein Indiz für die Unfähigkeit der Geschäftsführung zur Fortführung sind z.B. hohe Entnahmen und unverhältnismäßige Aufwendungen für Repräsentationen[9].

Die Fortbestehensprognose bezieht sich somit auf die Zahlungsfähigkeit in der Zukunft und birgt natürlich eine gewisse Ungewissheit/Willkür in sich[10]. Wenn nach dem momentanen Überschuldungsbegriff zwar die positive Fortführungsprognose <u>oder</u> der positive Überschuldungsstatus nicht zur Überschuldung führt, so ist die ab dem 01.01.2014 geltende Zurücklegung auf den alten Überschuldungsbegriff dringend zu beachten, um nicht <u>ab dann</u> doch noch in die Antragspflicht zu gelangen!

Beispiel:

Ein Unternehmen stellt im Jahr 2013 eine Positive Fortführungsprognose mit einem mehrjährigen Zeithorizont und einem 2013 positivem Netto-Cashflow (N-CF), der darüber hinaus den negativen N-CF im Jahre 2014 voll deckt, sodass der Gesamtcashflow insgesamt positiv ausfällt. In diesem Fall ist die Unternehmensfortführung unter Umständen doch nicht mehr wahrscheinlich, weil ab 2014 der alte Begriff gilt!

8: Quelle: Graf Schlicker(Hrsg.) Kommentar zur Insolvenzordnung 2010 S.129
9: Text in Anlehnung an: Handbuch Wirtschaftsrecht von Hans Achenbach und Andreas Ransiek Seite 594 Rnd. Nr. 59
10: In Anlehnung an: KSI 2/09 S.63 Überschuldung – Alter Ansatz in neuem Umfeld von Matthias Beck

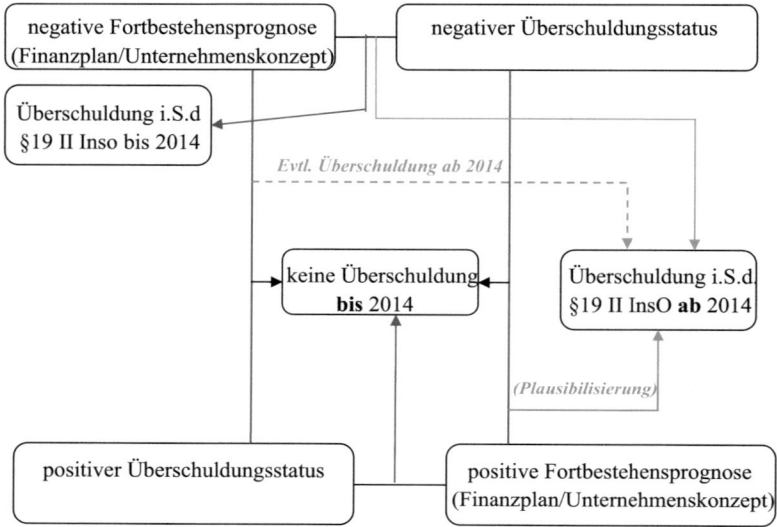

(Quelle: Eigene Darstellung in Anlehnung an KSI 2/09 S.64 Abb. 1 und 6/08 S.252 Abb.5)

2.3. Überschuldungsstatus und Plausibilisierung

Die so genannte Plausibilisierung muss durchgeführt werden, wenn die Fortbestehensprognose Positiv ist. Hierbei handelt es sich um eine Überprüfung des Überschuldungsstatus. Das Unternehmen wird durch Gegenüberstellung von den Nettofinanzschulden und den vergangenheits- oder zukunftsorientierten Bewertungsmethoden nach EBIT[I], EBITDA[II], EVA[III], CVA[IV] oder dem Shareholder-Value bewertet[11]. Es gibt zur Unternehmensbewertung natürlich noch zahlreiche andere Ansätze. Die Plausibilität der Bewertung zu Fortführungswerten interessiert eigentlich nur für den ab 2014 geltenden Begriff der Überschuldung und muss bis dahin nur wegen der Rückumstellung des Gesetzes durchgeführt werden. Würde der Überschuldungsbegriff nicht wieder umgewandelt, so wäre eine Unternehmensbewertung erst bei einer Übertragenden Sanierung gefragt und nicht schon bei der Überschuldungsermittlung vorgeschrieben.

11: Überschuldung – vielfältige Aspekte eines oft unklaren Begriffs von Matthias Beck KSI 6/08
I: Earnings Before Interest and Taxes
II: Earnings Before Interest, Taxes, Depreciation and Amortisation
III: Economic Value Addet
IV: Cash Value Addet

2.2. Begriff der Zahlungsunfähigkeit

Die Zahlungsunfähigkeit ist allgemeiner Eröffnungsgrund und gilt somit für jedes Insolvenzfähige Rechtssubjekt vgl. §17 I InsO.

Der Schuldner ist zahlungsunfähig, wenn er nicht in der Lage ist, die fälligen Zahlungspflichten zu erfüllen. Zahlungsunfähigkeit ist in der Regel anzunehmen, wenn der Schuldner seine Zahlungen eingestellt hat. (§17 II InsO)

Zahlungsstockungen, die mehr als drei Wochen dauern, stellen Zahlungsunfähigkeit dar vgl. BGH ZInsO 24.05.2005, 808; HK-InsO/Kirchhof § 17 Rz 17. Die Einstellung der Zahlungen hingegen ist nur ein Indiz für Zahlungsunfähigkeit, denn der Gesetzgeber hat hier in § 17 II InsO den unbestimmten Rechtsbegriff „in der Regel" bemüht. Die Zahlungsunfähigkeit ist allgemeiner Eröffnungsgrund, das bedeutet, Kapitalgesellschaften, Personengesellschaften, natürliche Personen und Nachlässe sind gleicher Maßen betroffen.

Die Nichtbegleichung von Zahlungspflichten begründet die Zahlungsunfähigkeit. Zahlungspflichten sind Geldschulden, oder andere Verpflichtungen, soweit aus ihnen Zahlungsverpflichtungen folgen[12].

Beispiel: Eine bereits bezahlte Dienstleistung wird vom Schuldner nicht erbracht. Der Gläubiger kann in diesem Fall erst einen begründeten Antrag auf Insolvenzeröffnung stellen, wenn er den Dienstleister auf Schadensersatz statt der Leistung beansprucht und dieser nicht zahlt.

Abbildung 4: Zahlungsfähigkeit und Zahlungsunfähigkeit (Finanzplan)

Zahlungsfähig   Zahlungsunfähig

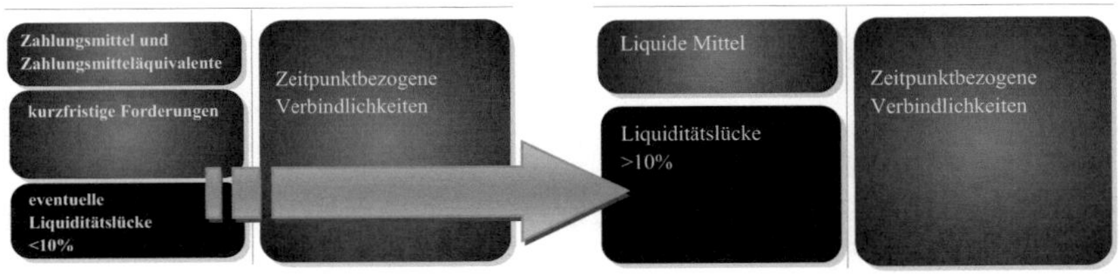

(Quelle: Eigene Darstellung)

12: In Anlehnung an: Graf Schlicker(Hrsg.) Kommentar zur Insolvenzordnung 2010 S.117

Beträgt die Zeitpunktbezogene Liquidität zuzüglich der innerhalb eines Zeitraums von drei Wochen flüssig werdenden Mittel Null und sind sofort fällige Verbindlichkeiten vorhanden, so besteht eine Liquiditätslücke. Beträgt diese (dreiwöchige) Lücke unter 10% der Gesamtverbindlichkeiten, dann wird noch nicht von Zahlungsunfähigkeit gesprochen (außer die Lücke wächst wahrscheinlich weiter), steigt sie über 10%, so ist die Zahlungsunfähigkeit gegeben (es sei denn die Lücke schließt sich mit hoher Wahrscheinlichkeit)[13]. Man kann also sagen, eine kurzfristige Lücke von weniger als 10 v.H. der Gesamtverbindlichkeiten bedeutet immer noch Zahlungsfähigkeit. Zur Liquiditätsbeschaffung kann eine Umschuldung, eine Stundung, der Verkauf von Aktiva oder bei Kapitalgesellschaften eine Kapitalerhöhung helfen. Die Liquiditätsbeschaffung kann aber auch aus den eigenen Reihen kommen (z.B. von einem Gesellschafter), schnell wieder zurück gezahlt werden und somit die Liquiditätsbilanz verschönern, was einem geschulten Bilanzanalytiker allerdings sofort auffällt[14]. Des Weiteren tritt eine so genannte Bugwelle auf, die durch die Zeitraumbezogenheit der liquiden Mittel und der unzureichenden Zeitpunktbezogenheit der Verbindlichkeiten entsteht.

Die Feststellung der Zahlungsunfähigkeit erfolgt über einen Zeitpunkt- und Zeitraumbezogenen Liquiditätsplan, welcher die kurzfristige Zahlungsfähigkeit durch eine Gegenüberstellung von Liquiden Mitteln, Zahlungsmitteläquivalenten, sowie kurzfristig zu erwartenden Einzahlungen gegen die kurzfristigen Verbindlichkeiten ermittelt. Der Betrachtungszeitraum für die flüssig werdenden Mittel beträgt drei Wochen.

Beispieltabelle 1: (Vereinfacht in Anlehnung an KSI 1/08 S.28 Tabelle 4) Angaben in Geldeinheiten (GE)

	t=0 1.Woche	t=1 2. Woche	t=2 3. Woche	t=3 4. Woche	t=4 5. Woche
Verbindlichkeiten (zeitpunktbezogen)	5	5	10	10	10
Σ Verbindlichkeiten		5+5	5+5+10-9,50	10,5+10	10,5+10+10-20
Flüssig werdende Mittel innerhalb von 3 Wochen	9,50	9,50	20	20	x
Liquide Mittel (zeitpunktbezogen)	0	0	9,50	0	20
Bugwelle	15	20	20	10 + x	x
Liquiditätslücke	0	5%	0	2,4%	x
Liquiditätsquote (Finanzplan)	190%	95%	190%	97,6%	x%

13: In Anlehnung an: Graf Schlicker(Hrsg.) Kommentar zur Insolvenzordnung 2010 S.119
14: KSI 1/08 S.26 Zur Abgrenzung von Zahlungsfähigkeit und Zahlungsstockung Thomas C. Wolf

Erklärung zur Tabelle 1:

Forderungen und Verbindlichkeiten entstehen zur Vereinfachung immer am Wochenanfang (Montags)! Da die Frist nach Tagen berechnet wird, wird nach §187 II BGB der erste Tag mitgerechnet und nach § 188 I BGB endet die Frist am letzten Tag der drei Wochen. Des Weiteren wird hier die Liquiditätslücke nicht anhand der Gesamtverbindlichkeiten, sondern anhand der aktuell fälligen Verbindlichkeiten berechnet!

Zum Zeitpunkt t=0 existieren keine Liquiden Mittel, aber Verbindlichkeiten von 5 GE. Da aber die kurzfristig zu beschaffenden Mittel zur Liquiditätsquote des Finanzplanes hinzugezogen werden, beträgt diese durch die in der dritten KW eingehenden GE von 9,50 190%. Die nicht beachteten über den dreiwöchigen Zeitraum anfallenden Verbindlichkeiten stellen eine Schuldenwelle (Bugwelle) dar, die das Unternehmen vor sich herschiebt.

Zum Zeitpunkt t=1 ist immer noch keine zeitpunktbezogene Liquidität vorhanden, aber die Verbindlichkeiten steigen weiter auf 10 GE an. Weil ja zu t=3 Forderungen von 9,50 GE eingehen, beträgt die Liquiditätslücke hier nur 5%. Die Bugwelle ist durch die zu erwartenden unbeachteten Schulden der nächsten zwei Wochen auf 20 GE angestiegen.

Im Zeitpunkt t=2 gehen zwar neue Verbindlichkeiten i.H.v. 10 GE ein, doch kann nun durch den Eingang der 9,50 GE ein Teil der Gesamtverbindlichkeiten beglichen werden. Die Liquiditätslücke verschwindet, doch die nicht beachteten Verbindlichkeiten der nächsten zwei Wochen beträgt hier 20 GE.

„Akzeptiert man eine solche Bugwelle, kann der Schuldner sogar, solange er innerhalb von drei Wochen über Liquide Forderungseingänge verfügt, bei Unternehmensfortführung theoretisch unendlich zahlungsfähig bleiben." Zitat: Thomas C. Wolf: KSI 1/08 S. 26 Zur Abgrenzung von Zahlungsfähigkeit und Zahlungsstockung

2.3. Drohende Zahlungsunfähigkeit

Der Grund für die Einführung dieser Norm ist es, dem Schuldner die Sanierungschance, die er benötigt nicht vorzuenthalten, bis es eigentlich schon zu spät ist[15].

§18 InsO

(1) Beantragt der Schuldner die Eröffnung des Insolvenzverfahrens, so ist auch die drohende Zahlungsunfähigkeit Eröffnungsgrund.

Nur der Schuldner und niemand sonst kann aufgrund von drohender Zahlungsunfähigkeit einen Insolvenzantrag stellen, weil dieses Mittel sonst zu leicht als Druckmittel der Gläubiger benutzt werden könnte.

15: In Anlehnung an: Graf Schlicker(Hrsg.) Kommentar zur Insolvenzordnung 2010 S.122

(2) Der Schuldner droht zahlungsunfähig zu werden, wenn er voraussichtlich nicht in der Lage sein wird, die bestehenden Zahlungspflichten im Zeitpunkt der Fälligkeit zu erfüllen.

Absatz zwei stellt klar, dass es sich hier um eine Prognose handelt, die auslegbar und unbestimmt ist. Das bedeutet, die Antragspflicht i.S.d §15a InsO ist nicht gegeben. Drohende Zahlungsunfähigkeit kann sich beispielsweise aus der Liquidität zweiten Grades ableiten lassen.

Feststellen lässt sich die drohende Zahlungsunfähigkeit wie die Zahlungsunfähigkeit durch einen Finanzplan. Der Unterschied besteht hier lediglich in der Frage, wie weit in die Zukunft geschaut werden soll, ein Maximum ist allerdings bei der spätesten Fälligkeit der momentan existierenden Schuld zu setzen[16].

(3) Wird bei einer juristischen Person oder einer Gesellschaft ohne Rechtspersönlichkeit der Antrag nicht von allen Mitgliedern des Vertretungsorgans, allen persönlich haftenden Gesellschaftern oder allen Abwicklern gestellt. So ist Absatz 1 nur anzuwenden, wenn der oder die Antragsteller zur Vertretung der juristischen Person oder der Gesellschaft berechtigt sind.

Wenn es sich um eine juristische Person handelt und nicht alle Mitglieder des Vertretungsorgans (Vorstand) oder bei Gesellschaften (z.B. OHG oder GBR) nicht alle persönlich haftenden Mitglieder den Antrag stellen, muss der Antragsteller zur Vertretung des Unternehmens berechtigt sein. Wenn letzteres der Fall ist, muss der Eröffnungsgrund lt. §15 II InsO glaubhaft gemacht werden.

Wie oben bereits erwähnt existiert diese Norm auch zur Sanierung eines Unternehmens in einem Stadium, in dem ein Erfolg noch sehr wahrscheinlich ist. Zur Sanierung gibt es verschiedene Möglichkeiten. Zum einen gibt es die Möglichkeit der Eigenverwaltung und zum anderen des Insolvenzplanes. Die übertragende Sanierung (Abb. 1) stellt lediglich die komplette Übereignung des Unternehmens an einen neuen Rechtsträger dar[17].

16: In Anlehnung an: Graf Schlicker(Hrsg.) Kommentar zur Insolvenzordnung 2010 S.124
17: Quelle: Insolvenzverfahren: Sanierungsoptionen für mittelständische Unternehmen von Guido Paffenholz und Peter Kranzusch S.13

3. Sanierungschance

Durch die Aufhebung des Insolvenzverfahrens bei Vorlage eines Insolvenzplans ist dieser und die damit verbundenen Umstände eine gute und sichere Möglichkeit der Sanierung des Unternehmens, weil

- Es ein Obstruktionsverbot nach § 245 InsO gibt und der Insolvenzplan so mit der einfachen Mehrheit durchgesetzt werden kann, wenn niemand übervorteil oder bevorzugt wird. Diese Norm stellt die Durchführung der geplanten Sanierung sicher.

- Die Möglichkeit der durch Zwangsvollstreckung vor dem Antrag blockierten Vermögensanteile wird den Gläubigern durch das Vollstreckungsverbot des §88 InsO genommen, was kurzzeitig Liquidität durch die Einbehaltung der Vermögensanteile verschafft. §§ 89-90 InsO Sichert die Insolvenzmasse während des Verfahrens vor weiteren Vollstreckungen der Gläubiger.

- Die nach § 622 II Nr. 4-7 BGB eingeräumten Kündigungsfristen der Arbeitnehmer werden durch §113 Satz 2 BGB auf drei Monate verkürzt und sogar die maximale Abfindungshöhe i.S.d. §113 BetrVG i.V.m. §10 II KschG wird durch § 123 I InsO kalkulierbarer. §124 InsO gibt die Option des Widerrufs des Sozialplans, der nicht früher als drei Monate vor Antragsstellung aufgestellt wurde, durch den Insolvenzverwalter oder Betriebsrat.

- Güter, die der Schuldner dem Gläubiger zur Sicherung abgetreten hat bleiben dem Betrieb lt. §166 InsO vorerst erhalten und können weiter zur Wertschöpfung beitragen.

- Kurzfristige Liquidität wird auch durch das dem Arbeitnehmer zu gewährende Insolvenzgeld nach §358 SGB III freigesetzt.

(Aufzählung in Anlehnung an: http://www.sanierungsportal.de/default.php?d=cont&pid=&cid=24&hl=#faq_85)

3.1. Insolvenzplan

Wenn die Gläubiger oder der Insolvenzverwalter vom Gesetz abweichende Bedingungen der Verwertung, Verteilung (der Masse) oder Haftung (des Schuldners) bewirken wollen, muss ein Insolvenzplan (§217 InsO) dem Gericht vorgelegt werden (§218 I 1 InsO). Der Plan bewirkt das Aussetzen des Verfahrens. Die Eigenverwaltung hingegen, unter Aufsicht eines Sachwalters, führt dazu, dass der Schuldner die Masse zurückerlangt.

3.2. Eigenverwaltung

Bei der Eigenverwaltung bietet sich für den Schuldner die Möglichkeit sein eigener Insolvenzverwalter zu sein. Was natürlich den Vorteil der Geschäftskenntnis und der Einsparung der Kosten für den Insolvenzverwalter hat. Die in Punkt 3. genannten Vorteile sind bis auf den ersten auch auf die Eigenverwaltung übertragbar. Die Voraussetzungen des § 270 InsO sind zu beachten! Zur Sicherung des Geschäftsbetriebes und der Gläubigeransprüche wird ein Sachwalter bestellt §§ 270 I, 274 II InsO.

Dies sind nur einige Möglichkeiten, die ein Insolvenzverfahren bieten kann, um kurzfristig Liquidität und Planungssicherheit zu gewähren. Die Alternative wäre eine unsicherere, zwar flexiblere aber auch teurere außergerichtliche Sanierung.

Schlusswort

Grundsätzlich sollte ein Unternehmer versuchen die drohende Zahlungsunfähigkeit, die Zahlungsunfähigkeit und/oder die Überschuldung zu vermeiden. Wenn eine solche Situation droht, sollte man wissen, welche Möglichkeiten man dann noch hat, um das Beste daraus zu machen. Ein ordentlicher Kaufmann hat seine Geschäfte und seine Vermögensverhältnisse immer im Blick zu haben, um direkt agieren zu können, falls einer der unter Kapitel zwei geschilderten Tatbestände eintritt. Ein Krisenmanagementplan sollte für den Fall der Fälle die gezielte Restrukturierung über ein Insolvenzplanverfahren oder eine Eigenverwaltung beinhalten, weil es dann vermutlich die letzte Rettung für das Unternehmen ist.

Literaturverzeichnis

1. Grundriss des Insolvenzrechts, Walter Zimmermann, 8. Aufl.

2. Insolvenzverfahren: Sanierungsoptionen für mittelständische Unternehmen von Guido Paffenholz und Peter Kranzusch

3. Handbuch des Aktienrechts von Günter Henn, Jürgen Frodermann

4. Handbuch Wirtschaftsrecht von Hans Achenbach und Andreas Ransiek

5. Überschuldung – vielfältige Aspekte eines oft unklaren Begriffs von Matthias Beck KSI 6/08

6. Zur Abgrenzung von Zahlungsunfähigkeit und Zahlungsstockung von Thomas C. Wolf KSI 1/08

7. Überschuldung – Alter Ansatz in neuem Umfeld von Matthias Beck KSI 2/09

8. Sekundärnutzen einer Krise: Der neue (alte) Überschuldungsbegriff von Dr. Lutz Mackebrandt KSI 1/09

Internetquellenverzeichnis

1. http://www.sanierungsportal.de/default.php?d=cont&pid=&cid=24&hl=#faq_85

2. http://www.wirtschaftslexikon24.net/d/absonderung/absonderung.htm

3. http://www.destatis.de/jetspeed/portal/cms/Sites/destatis/Internet/DE/Content/Statistik en/Zeitreihen/WirtschaftAktuell/Insolvenzen/Content100/ins110j.psml

4. http://www.destatis.de/jetspeed/portal/cms/Sites/destatis/Internet/DE/Content/Publikat ionen/Querschnittsveroeffentlichungen/WirtschaftStatistik/UnternehmenGewerbeanze igen/Insolvenzen2005.psml

Abkürzungsverzeichnis

i.V.m. in Verbindung mit
i.S.d. in Sachen des
N-CF   Netto-Cashflow
v.H.   von Hundert
GE   Geldeinheiten
GbR   Gesellschaft bürgerlichen Rechts
OHG   Offene Handelsgesellschaft
GmbH   Gesellschaft mit beschränkter Haftung
HGB   Handelsgesetzbuch
InsO   Insolvenz Ordnung
BGB   Bürgerliches Gesetzbuch
BGH   Bundes Gerichtshof